남호영 글

어린이 여러분, 나는 서울대학교 수학교육과를 졸업하고
이학 박사 학위를 받은 수학자이자 교사예요.
고등학교와 대학교에서 여러분 같은 학생들에게 수학을 가르쳤고,
인간의 역사와 얽히고설키며 발전해 온 수학을 그 역사 속에서
생생하게 볼 수 있도록 하는 작업을 계속해 나가고 있지요.
지은 책으로는 《황당하지만 수학입니다 1 바닥에 떨어진 사탕 먹어도 될까?》,
《황당하지만 수학입니다 2 하루에 거짓말 몇 번이나 하니?》를 비롯해서
수학 동화 《원의 비밀을 찾아라》, 《달려라 사각 바퀴야》,
수학의 관점에서 여행과 문화를 녹여 낸 《수학 끼고 가는 서울 1》, 《수학 끼고 가는 이탈리아》,
과학의 역사에서 동양과 신비주의의 역할을 복원한 《코페르니쿠스의 거인, 뉴턴의 거인》,
그리고 《선생님도 놀란 초등수학 뒤집기 시리즈》 등이 있으며,
중학교 수학 교과서(디딤돌, 7차 교육과정)도 썼답니다.

미늉킴 그림

아주 어릴 때부터 '나는 그림 그리는 일을 할 거야.'라고 입버릇처럼 말했어요.
지금은 손끝에서 만들어지는 이런저런 그림 친구들과 함께 즐겁게 일하고 있답니다.
파이쌤이 들려주는 황당한 수학 이야기를 그림으로 그리면서 정말 신났어요.
글을 읽고 그림을 보는 독자 여러분도 즐거운 독서가 되기를 바랍니다.
그린 책으로는 《엉뚱하지만 과학입니다 4 우리 화성으로 이사 갈래?》, 《창작의 영감님,
어서 오세요》, 《기자가 되고 싶은 청소년에게》, 《안녕? 나는 호모미디어쿠스야!》 등이 있어요.

와이즈만 영재교육연구소 감수

창의 영재수학과 창의 영재과학 교재 및 프로그램을 개발했습니다.
구성주의 이론에 입각한 교수학습 이론과 창의성 이론 및 선진교육 이론 연구 등에도
전념하고 있습니다. 국내 최고의 사설 영재교육 기관인 와이즈만 영재교육에
교육 콘텐츠를 제공하고 교사 교육을 담당하고 있습니다.

③ 어디가 제일 간지럽게?

와이즈만 BOOKs

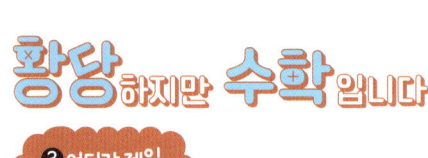

1판 1쇄 발행 2023년 2월 1일 | **1판 2쇄 발행** 2023년 9월 10일

글 남호영 | **그림** 미늉킴 | **감수** 와이즈만 영재교육연구소
발행처 와이즈만 BOOKs | **발행인** 염만숙 | **출판사업본부장** 김현정 | **편집** 원선희 양다운
기획·진행 CASA LIBRO | **디자인** SALT&PEPPER Communications | **마케팅** 강윤현 백미영 장하라

출판등록 1998년 7월 23일 제1998-000170 | **제조국** 대한민국
주소 서울특별시 서초구 남부순환로 2219 나노빌딩 5층
전화 마케팅 02-2033-8987 | **편집** 02-2033-8928 | **팩스** 02-3474-1411
전자우편 books@askwhy.co.kr | **홈페이지** mindalive.co.kr | **사용 연령** 8세 이상
ISBN 979-11-90744-82-9 74410 979-11-90744-79-9(세트)

ⓒ2023, 남호영 미늉킴 CASA LIBRO
이 책의 저작권은 남호영, 미늉킴, CASA LIBRO에게 있습니다.
저자와 출판사의 허락 없이 내용의 일부를 인용하거나 발췌하는 것을 금합니다.

잘못된 책은 구입처에서 바꿔 드립니다.

와이즈만 BOOKs는 (주)창의와탐구의 출판 브랜드입니다.
KC마크는 이 제품이 공통안전기준에 적합하였음을 의미합니다.

황당하지만 수학입니다

③ 어디가 제일 간지럽게?

남호영 글 | 미늉킴 그림
와이즈만 영재교육연구소 감수

수학 좋아하니?

좋아한다고? 반갑구나. 하지만 '수학'이라는 말만 들어도 마음이 무거워지는 친구도 많지. 수학을 잘하고 싶은데 계산은 늘 실수투성이고 하나하나 따지는 건 어려우니까. 그래서 수학을 '이그노벨상'과 함께 알아보려 해.

이그노벨상을 받은 연구 중에서 수학상을 받은 건 몇 개밖에 없어. 다섯 손가락에 꼽을 정도야. 그래서 수학으로 설명할 수 있는 연구를 10개 뽑아 엮었어. '규칙성과 함수'와 관련 있는 연구들인데, 웃다 보면 수학이 친숙하게 느껴지고 좋아질 거야.

어쩌면 너를 꼭 닮은 친구 '나', 그리고 앉으나 서나 수학하는 파이쌤의 안내에 따라 조금씩 천천히 황당한 수학의 세계로 들어와 봐!

이그노벨상부터 알아볼까?

1991년 하버드대학교의 유머 과학 잡지사가 만든 상이야.
학문에 대한 사람들의 관심을 높이기 위해 기발한 연구와 업적에
주는 상이지. 수학을 비롯해서 물리, 화학, 의학, 생물, 평화 등
여러 분야에 걸쳐 수상자를 선정해.

이그노벨상을 수상한 연구는 정말 황당해.
어떤 때는 어이가 없을 정도야. 하지만 '이런 것도 연구하는구나!'
'수학은 우리 생활 속에 있구나!'라는 걸 깨닫게 해 주지.
시상식 포스터에는 로댕의 〈생각하는 사람〉이 바닥에 등을 대고
누워 있는 그림이 있어. '발상의 전환'을 나타내는 거래.

자, 그럼 우리도 고전 관념이나 일반적인 생각에서 벗어나
이 책에 가득한 황당하고 기발한 생각으로 발상을 전환해 볼까?

차례

1 **어디가 제일
   간지럽게?** ································· 9
   - 그래프로 한눈에 알 수 있어! ················13

2 **눕는 소, 일어나는 소** ······················17
   - 기울어진 선이 말해 주는 관계 ···············21

3 **뽀뽀를 더 많이 하는
   나라가 있다고?** ··························25
   - 데이터는 점 찍어! ·······················29

4 **나이 들수록
   길어지는 건 뭐게?** ·······················33
   - 지구가 귀를 잡아당긴다고? ·················37

5 **위험한 코코넛,
   고마운 코코넛** ··························41
   - 떨어지는 건 얼마나 빠를까? ················45

6 바퀴벌레도 쓸모가 있다고? · 49
- 바퀴벌레가 그리는 그래프 · 53

7 맥주는 역시 거품이지! · 57
- 거품은 절반씩 줄어들어! · 61

8 어른은 못 듣는 벨 소리 · 65
- 파동은 파도처럼 반복돼! · 69

9 손톱으로 칠판 긁는 소리 · 73
- 소리의 크기는 진폭으로! · 77

10 야옹~ 야아~옹, 내 말 알아듣겠니? · 81
- 진동수와 진폭에 따라 '야옹'도 달라져! · 85

주인공이 궁금해요

파이쌤

먹는 파이도 아니고 와이파이도 아닌 무한소수 원주율 파이(π)처럼 무한한 호기심을 가진 수학 덕후. 수학이 있는 곳이라면 어디든 언제라도 떠날 수 있도록 늘 작은 캐리어를 끌고 다닌다.

나

누가 봐도 우리 동네 최고의 참견쟁이. 호기심 가득, 실행력은 으뜸! 솔직히 수학은 잘 못한다.

1
어디가 제일 간지럽게?

우주랑 파이쌤 댁에 왔는데, 쌤이 안 계셔.
마당에 앉아서 기다리다가 우주랑 눈이 마주쳤어.
아까 하던 간지럼 참기 내기를 계속하자는 거지.
겨드랑이는 너무 간지러워서 내가 졌는데,
이번엔 어디로 해야 내가 이길까?

"하나, 둘, 셋, 넷!"
"희희!"
우주는 넷에 더는 참지 못하고 괴상한 소리를 내며
발바닥을 확 뺐어. 이번엔 내 차례야.
"하나, 둘, 셋, 넷, 이히히!"
다섯까지는 참아야 하는데, 누가 등을 간지럽히는 거야.
돌아보니 어느새 파이쌤이 나타나셨어.
이길 뻔한 내기를 파이쌤 때문에 망쳤어.

"나는 간지럼에 관한 신성한 연구 중이었다고."
"대체 누가 간지럼을 연구해요?"
내가 반박하자, 쌤이 말씀하셨어.
"이 세상에 연구 주제로 삼지 못할 것은 없어.
길 요시포비치 연구팀이 간지럼 태우기를 연구했어.
미국, 사우디아라비아, 싱가포르, 영국 사람들로 구성된
연구팀이야. 2019년 이그노벨 평화상도 받았다고."

"연구팀은 사람들을 모아서 어느 부위가 간지럼을 많이 타는지, 어느 부위가 긁었을 때 더 시원한지 실험해 보기로 했어. 그 결과를 *그래프로 나타낼 거야.

연구 결과를 사람들이 한눈에 쉽게 알아보게 하기 위해서지."

그래프가 뭐예요?

데이터 사이의 *관계를 알려 주는 그림이라고 생각하면 돼. 이런 거, 책이나 뉴스에서 본 적은 있지?

*책 마지막 장에서 더 자세한 정보를 확인해 보세요.

연구팀은 18명의 참가자를 모집했어.
등, 발목, 팔 세 군데를 5분 동안 간지럽히면서 30초마다 얼마나 가려운지 물어봤어.
가려운 정도는 0부터 10까지의 수로 대답하라고 했어.
가렵지 않으면 0이고 가려울수록 수가 커져.
참을 수 없이 가려우면 10이야.

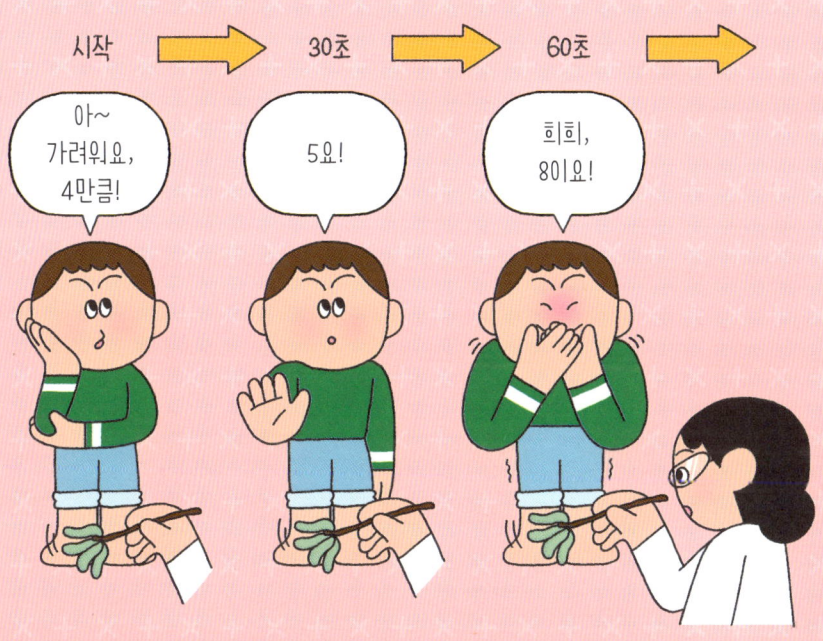

가로축에는 30초 간격으로 시간을,

세로축에는 0~10까지 가려운 정도를 표시해.

연구팀은 시간이 지날 때마다 참가자들이 말한

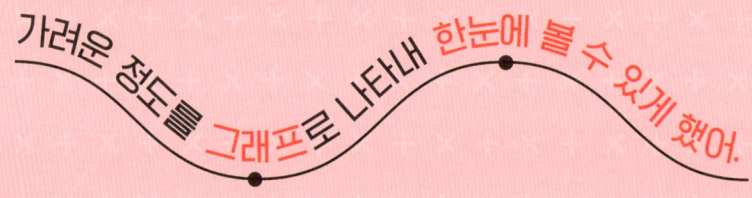

가려운 정도를 그래프로 나타내 한눈에 볼 수 있게 했어.

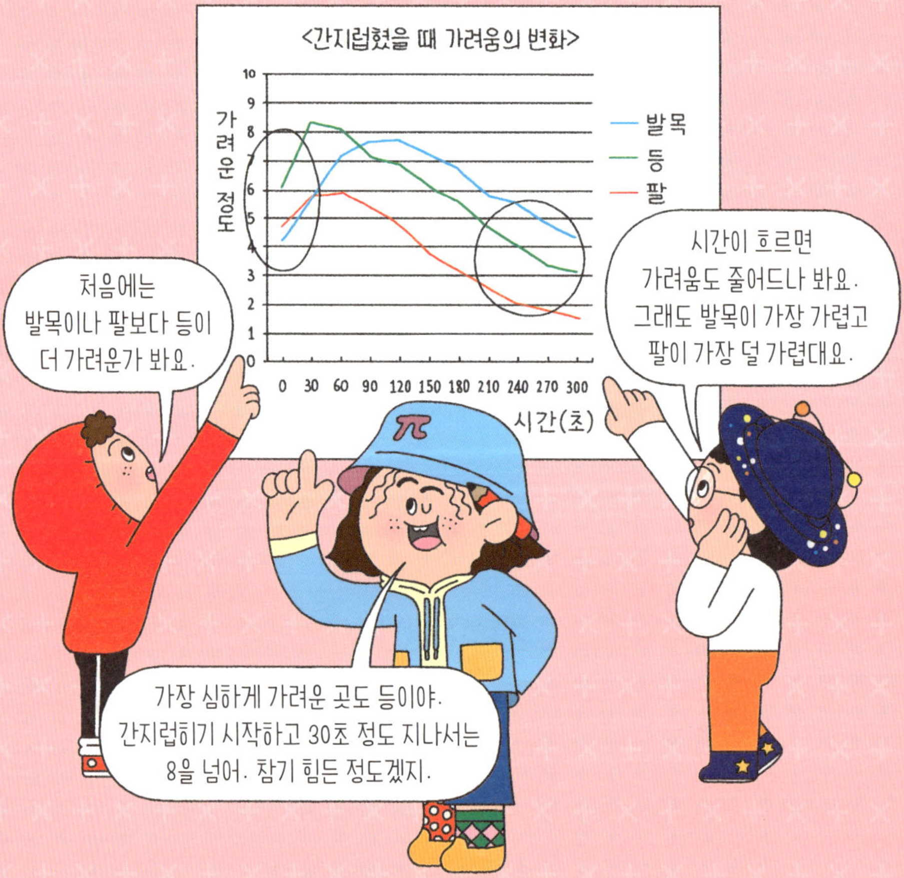
<간지럽혔을 때 가려움의 변화>
가려운 정도
10
9
8
7
6
5
4
3
2
1
0
0 30 60 90 120 150 180 210 240 270 300
시간(초)
발목
등
팔
처음에는 발목이나 팔보다 등이 더 가려운가 봐요.
시간이 흐르면 가려움도 줄어드나 봐요. 그래도 발목이 가장 가렵고 팔이 가장 덜 가렵대요.
가장 심하게 가려운 곳도 등이야. 간지럽히기 시작하고 30초 정도 지나서는 8을 넘어. 참기 힘든 정도겠지.

간지럽힌 부위를 긁으라고 하면서 얼마나 가려운지도 물어봤어. 긁는 시간과 가려운 정도를 그래프로 나타내면

시간에 따라 가려움이 어떻게 줄어드는지도 알 수 있어.

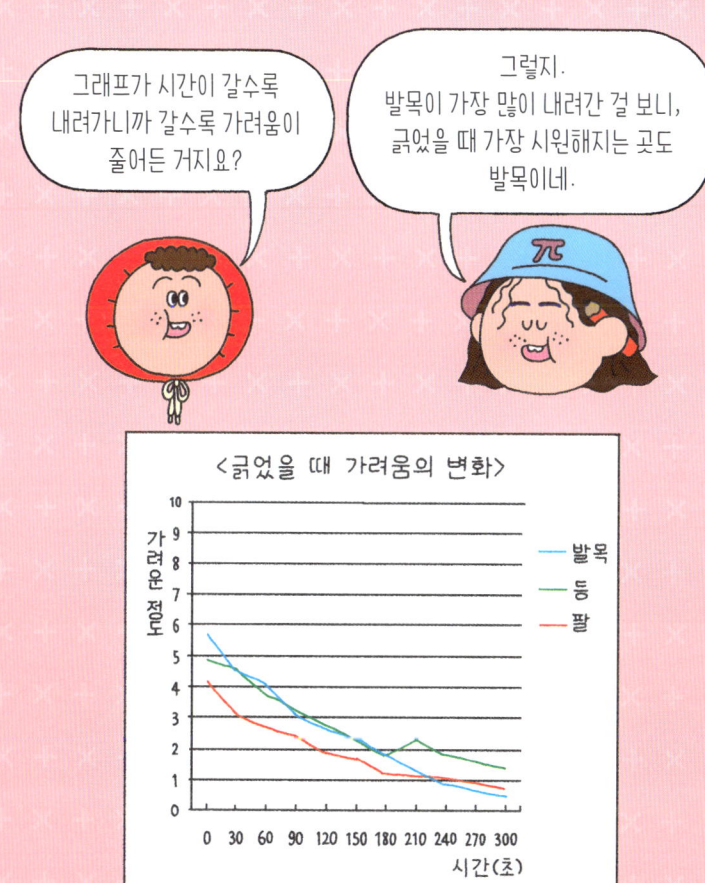

그래프가 시간이 갈수록 내려가니까 갈수록 가려움이 줄어든 거지요?

그렇지. 발목이 가장 많이 내려간 걸 보니, 긁었을 때 가장 시원해지는 곳도 발목이네.

> 연구 결과를
> 그래프로 그리니까
> 한눈에 확 들어오지!

시간이 흐르면서 가려운 정도가 어떻게 변하는지를 알 수 있고, 발목과 등과 팔 세 군데의 가려운 정도를

비교할 수도 있어.

2
눕는 소, 일어나는 소

비행기에서 내려다보는 풍경은 참 멋있어.
면도 거품 같은 구름 아래 섬들이 한가로워 보여.
저 멀리에서는 바다와 하늘이 섞인 것 같아.
아, 웬일로 비행기를 탔냐고?
파이쌤과 제주도에 가는 길이야.
쌤은 제주도의 *오름을 다 올라가 보겠다는 포부를
갖고 계시거든.

오늘 오를 오름은 제주도 동쪽에 있는 영주산이래.
완만하게 펼쳐진 초록색 풍경에 가슴이 탁 트이는데,
저쪽에 소가 보여. 소들이 한가로이 풀을 뜯고 있어.

누운 소들을 보자 엄마 말이 떠올랐어.
"쌤, 엄마가 '먹자마자 누우면 소 된다.'라고 하셨는데,
저기 소들은 누운 거예요? 앉은 것 같기도 하고."
"소는 쉴 때 사람처럼 눕지 않아.
저렇게 다리를 구부리는 게 누운 거야."
마침 누워 있던 소가 일어났어.
그 옆의 다른 소도 일어나고.

"쌤, 소가 일어났어요!"
내가 신기해서 소리치자,
쌤은 대수롭지 않게 말씀하셨어.
"소야 늘 일어섰다, 누웠다, 풀 뜯다, 되새김질하곤 해.
계속해서 서 있는 소가 있다면 뭔가 문제 있는 소야.
소가 언제 눕고 언제 일어나는지 연구해서
이그노벨상을 탄 사람들도 있어."

기울어진 선이 말해 주는 관계

파이쌤이 알려 주마

영국 스카티시농업대학교 버트 톨캄 박사 연구팀은
열 마리의 암소 다리에 16일 동안 센서를 붙여 놓았어.
소가 일어났다 누웠다 하는 시간을 측정하려고.
소가 누울 땐 몇 시간 서 있다가 누웠는지 기록했어.
소가 일어설 땐 몇 시간 누웠다가 일어섰는지 기록했고.
서 있는 시간이 길어지면 누울 *가능성이 커질까?
누워 있는 시간이 길어지면 일어설 가능성이 커질까?
이 연구로 2013년 이그노벨 확률상을 받았어.

먼저 서 있던 소가 언제 누웠는지 데이터를 보자. 가로축은 시간이야, 세로축은 측정 기록에서 계산한 소가 누울 가능성이야. 즉 확률이지.

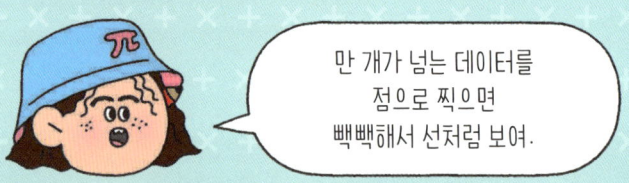

만 개가 넘는 데이터를 점으로 찍으면 빽빽해서 선처럼 보여.

서 있는 시간이 1시간, 2시간…… 늘어나도 소가 누울 가능성은 별로 변하지 않았어. 데이터는 거의 수평선을 그려. ―**수평선은** 서 있는 시간과 누울 가능성이 서로 **관계가 없다**는 뜻이야.

두 양이 별로 관계가 없군.

이번엔 누워 있던 소가 언제 일어났는지 데이터를 보자. 가로축은 시간, 세로축은 측정 기록에서 계산한 소가 일어날 가능성이야.

직선이 오른쪽으로 갈수록 올라가면 가로축 양이 커질수록 세로축 양도 커진다는 뜻이야. **관계가 있다**는 거야.

누워 있는 시간이 1시간, 2시간 …… 지날수록 소가 일어날 가능성이 커졌어. 데이터는 기울어진 선을 그려. 이 선은

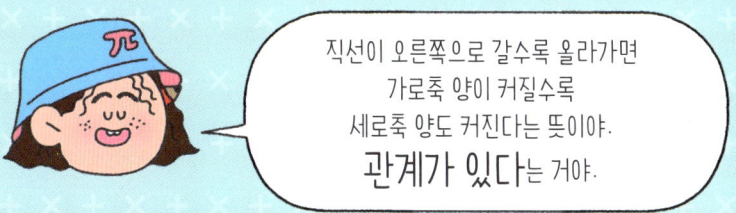

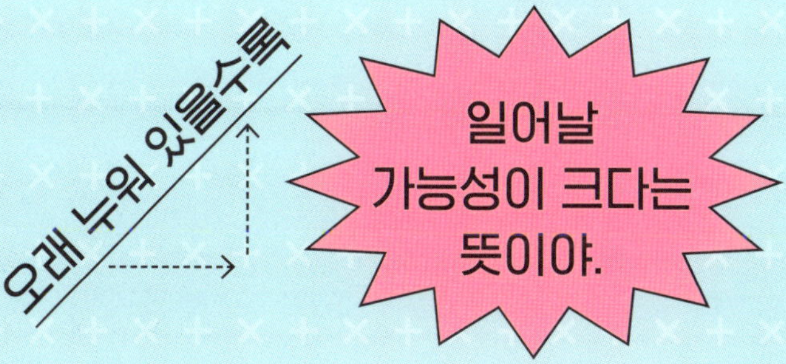

일어날 가능성이 크다는 뜻이야.

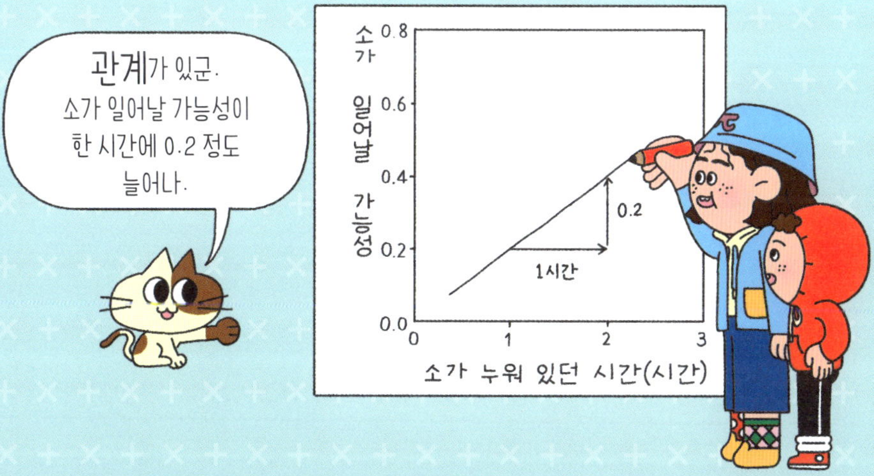

관계가 있군. 소가 일어날 가능성이 한 시간에 0.2 정도 늘어나.

소는 서 있거나 누워 있어.
톨캄 연구팀이 실험에서 알아낸 건 소가 누울 가능성은
서 있는 시간과는 관계없고, 오래 누워 있을수록
일어날 가능성이 크다는 거야.
소는 대체로 누워서 되새김질하는데,
되새김질을 하고 난 뒤에는 일어나고 싶어지나 봐.

3
뽀뽀를 더 많이 하는 나라가 있다고?

파이쌤 댁에 갔더니 못 보던 강아지가 있는 거야.
갈색 털이 약간 섞인 하얀 강아지가 내가 집에
들어서기도 전에 꼬리를 치며 달려왔어.
내 품에 뛰어든 강아지는 내 손을 핥기 시작했어.

내가 강아지를 안아 올리자 강아지는 내 얼굴
여기저기를 핥았어.
"어이쿠, 얘가 뽀뽀까지 해요!"
"첨 보는데, 네가 맘에 드나 보다."
파이쌤은 강아지에게 친구가 생겨 다행이라는 듯
흐뭇한 표정으로 보고 계셨지.
강아지의 갑작스러운 뽀뽀 세례로 침 범벅이 된 나는
문득 궁금한 게 떠올랐어.

뽀뽀를 연구해서 이그노벨상을 받은 연구팀이 많아. 2015년에는 일본 알레르기 전문의 하지메 기마타와 슬로바키아 유전학자 자로슬라바 연구팀이 공동으로 의학상을 받았어.

"2020년에도 뽀뽀에 관한 연구로 이그노벨 경제학상을 받은 연구팀이 있어."
강아지를 안고 있던 나는 경제라는 말에 호기심이 생겼어.
"뽀뽀랑 경제가 무슨 관계가 있어요?"
"스코틀랜드 애버테이대학교의 크리스토퍼 왓킨스 연구팀은 국민 소득과 뽀뽀 횟수가 관계가 있는지 없는지, 소득 불평등 정도와 뽀뽀 횟수가 관계가 있는지 없는지를 연구했어."
"그래서 **뽀뽀**랑 **경제**랑 **관계**가 있어요, 없어요?"

왓킨스 연구팀은 13개국의 국민 소득과 소득 불평등 지수부터 조사했어. 그리고 13개국 3,109명의 사람들에게 뽀뽀를 몇 번이나 하는지 물어보고 그 빈도를 1~100까지 수로 적었어.
조사한 결과는 아래 표와 같아.

나라	국민 소득 (달러)	소득 불평등 지수	뽀뽀 횟수 (회)
체코	35,200	25.0	74.82
독일	50,200	27.0	74.19
프랑스	43,600	29.2	70.75
호주	49,900	30.3	75.88
폴란드	29,300	30.8	77.84
이탈리아	38,000	31.9	74.31
영국	43,600	32.4	80.73
인도	7,200	35.2	72.02
미국	59,500	45.0	81.11
나이지리아	5,900	48.8	78.08
브라질	15,500	49.7	80.29
칠레	24,600	50.5	81.19
콜롬비아	14,500	53.5	79.27

관계를 알고 싶을 땐 데이터를 점으로 나타내 봐.

가로축과 세로축이 만나는 곳에 점을 찍어.
가로축과 세로축은 그때그때 정해. 국민 소득과 뽀뽀 횟수가
관계가 있는지 없는지 알아볼 때는 가로축은 국민 소득,
세로축은 뽀뽀 횟수를 나타내.

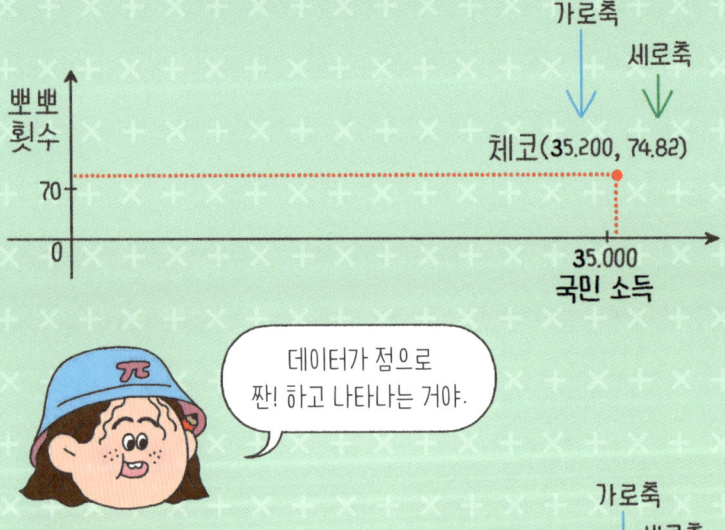

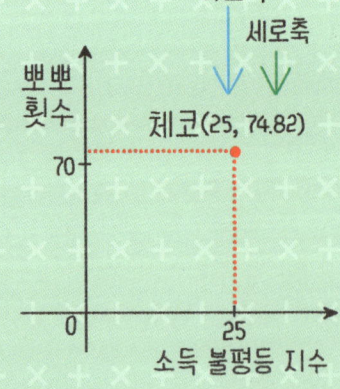

데이터가 점으로
짠! 하고 나타나는 거야.

소득 불평등 정도와
뽀뽀 횟수가 관계가 있는지
없는지 알아볼 때는
가로축은 소득 불평등 지수,
세로축은 뽀뽀 횟수를
나타내면 돼.

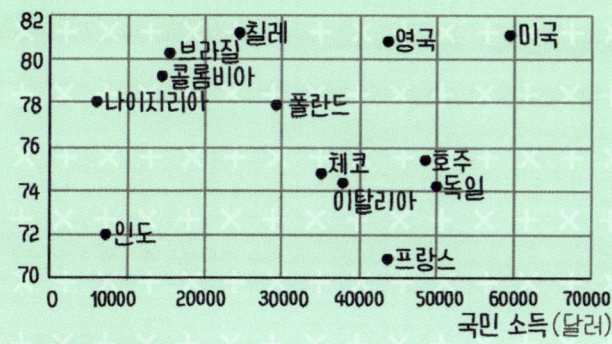

브라질, 칠레, 영국, 미국은 뽀뽀를 많이 하지만, 국민 소득은 제각각이에요. 다른 나라의 **점들도 여기저기 흩어져** 있어요.

둘 사이에 **관계가 없다는 뜻**이야.

점들이 대체로 오른쪽으로 올라가면서 찍혔지? 이렇게 선을 그릴 수 있을 땐 소득 불평등이 심한 나라일수록 뽀뽀를 많이 한다는 거야. 즉, **관계가 있다는 뜻**이지!

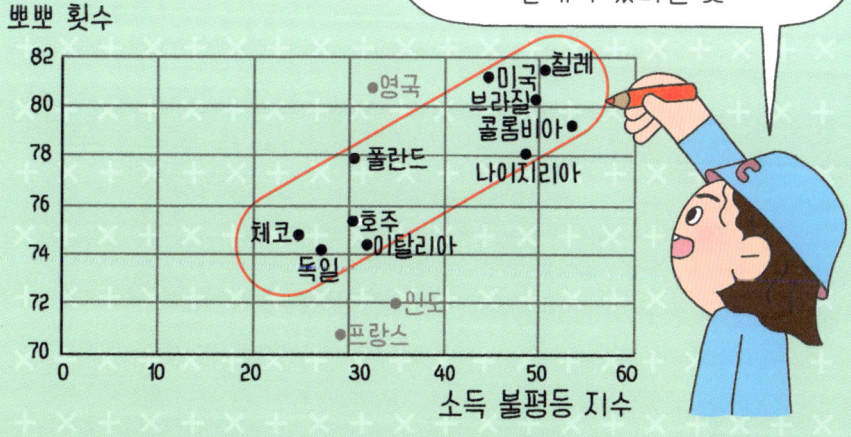

데이터가 찍힌 모양이 확연히 다르지!
어떤 두 가지 요인이 서로 관계가 있는지를 알아보려면
왓킨스 박사처럼 가로축, 세로축을 정하고 조사한

데이터를 점으로 나타내 봐.
그러면 그래프 모양에 따라 관계를 알 수 있단다.

4
나이 들수록 길어지는 건 뭐게?

"어머니, 저 키가 줄었나 봐요. 이 바지 잘 맞았었는데.
좀 끌리죠?"
"더 나이 들어 봐라. 키가 쑥쑥 줄어드는 게
느껴진다니까!"
엄마와 할머니의 대화를 듣고 나는 화들짝 놀랐어.
나이 들수록 키가 준다는 게 정말일까?

다급한 마음에 나는 파이쌤께 달려갔어.
"쌤, 나이 들수록 키가 준다는 게 정말이에요?"
"그렇지. 지구가 잡아당기잖아!"
나는 심각한데 쌤은 너무나 태평하셔.
"전 아직 다 안 컸는데, 키가 줄면 어떡해요?"
"얘기를 끝까지 들어야지. 성장기에는 키가 크다가 노인이 되면 줄어든다고!"
"늙는 것도 속상할 것 같은데, 키까지 준다니……."

"노인이 되면 키는 작아지지만 커지는 것도 있단다."
파이쌤 말씀에 나는 귀가 솔깃해졌어.
"노인이 되면 오히려 커진다고요?"
"어딘지 맞춰 볼래?"
"음……, 할아버지랑 할머니를 보면, 눈꺼풀과 볼살이 커져요."

할머니 발은 커진 게 아니라 오히려 작아졌고,
눈꺼풀은 처졌으니 커진 거지?
할아버지는 배가 커졌고 볼살도 늘어졌으니
커진 건가?

"기발한 생각이기는 한데, 눈꺼풀이나 볼살은 처진다고 말하지. 눈꺼풀, 볼살, 키처럼 **중력 때문에 지구를 향해서 내려가는 중이면서도 커진다고** 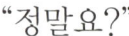말할 수 있는 게 있단다."
"정말요?"
"그걸 연구해서 2017년 이그노벨 해부학상을 받은 연구팀이 있어."

1993년 영국 켄트에 모인 19명의 의사는
'나이가 들면 귀가 커지냐'에 대해 의견이 엇갈렸어.
제임스 헤스코트를 중심으로 의사 4명이 30세 이상
환자들의 귀를 측정했어. 왼쪽 귀를 투명한 자로 측정해서
나이와 함께 기록했어. 실험 데이터를 모두 모아
나이에 따라 귀 길이가 어떻게 변하는지 알아냈어.

헤스코트 연구팀에 의하면
실험 결과, 귀는 대체로 일 년에 0.22밀리미터씩 길어진대.
어른의 귀 길이는 나이에 0.22를 곱하고 55.9를 더하면 돼.
세로축을 귀의 길이, 가로축을 나이로 해서

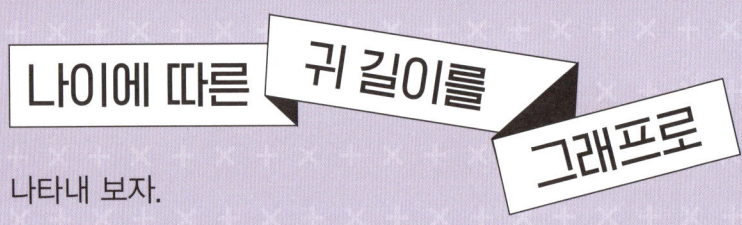

나타내 보자.

(귀 길이) = (나이) × 0.22 + 55.9

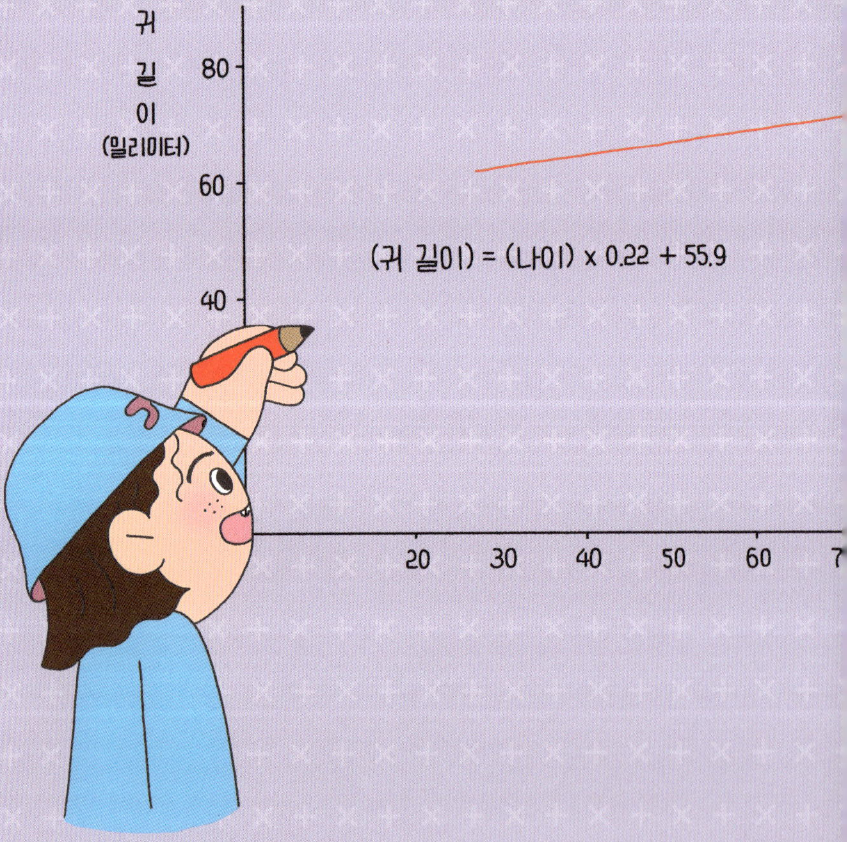

나이가 들수록
**귀가 길어지는 건
지구가 당기는 중력 때문이야.**

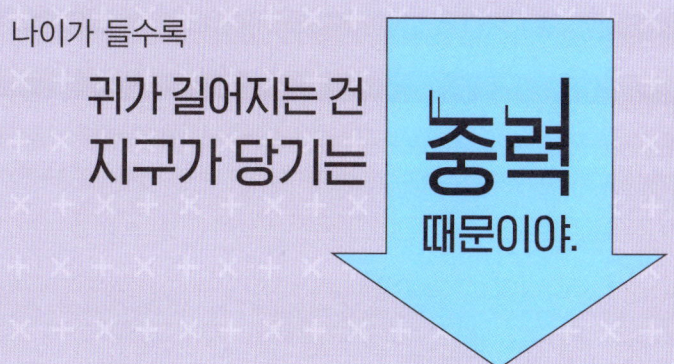

중력이 이 세상의 힘 중에 가장 약한 건 다행이야. 그렇지 않다면 일 년에 0.22밀리미터 길어지는 걸로 끝나지 않을 테니까.

우리가 지구에 사는 한 중력의 영향을 벗어날 수는 없어.
나이 들면 키는 줄어들고 귀는 길어지고 코도 길어져.
정확히 말하면, 코끝이 늘어지는 거지.
성장이 멈추기 전까지는 부지런히 크고, 그다음에는

지구가 당기는 대로 지구를 향해서 내려갈 수밖에!

저는 정전기를 이용해서라도 더 클래요.

전자기력보다 중력이 훨씬 약하다는 걸 알고 있었어?

5
위험한 코코넛, 고마운 코코넛

어제는 온종일 비가 내리더니 오늘은 화창하네.
아직 땅은 젖었지만 답답해서 집에 있을 수 있어야지.
파이쌤과 함께 우리 동네 산책로에 나왔어.
"비가 많이 왔는데도 매트가 깔려 있으니
진흙도 안 묻고 물도 안 튀어서 좋네요."

파이쌤은 지푸라기는 아니라며 고개를 가로젓더니 힌트를 쏟아 내셨어.

"나무에 열리는 열매인데, 네가 좋아하는 주스도 만들고, 과육은 쿠키나 컵케이크에도 들어가지. 어디 그뿐이야? 기름은 먹을 수도 몸에 바를 수도 있어."

"코코넛?"
"빙고! 이 매트는 바로 코코넛 열매껍질로 만들었어."
"와, 즙에 과육에 껍질까지! 코코넛은 정말 버릴 게 없는 고마운 과일이네요."
"하지만 위험할 때도 있어."

"이렇게 소중한 코코넛이 위험하다뇨?"
"떨어지는 코코넛 열매를 정통으로 맞으면 얼마나 위험한데. 그걸 연구해서 이그노벨상을 받은 사람도 있는걸."

파푸아뉴기니의 병원에서 일하던 의사 피터 바르스는 떨어지는 코코넛으로 인한 부상에 대한 보고서를 발표했어. 4년 동안 떨어지는 코코넛 열매에 머리를 맞은 환자가 4명이었고 그중 2명이 죽었지.
자주 일어나는 일은 아니지만 일어난다면 위험한 일인 거야.

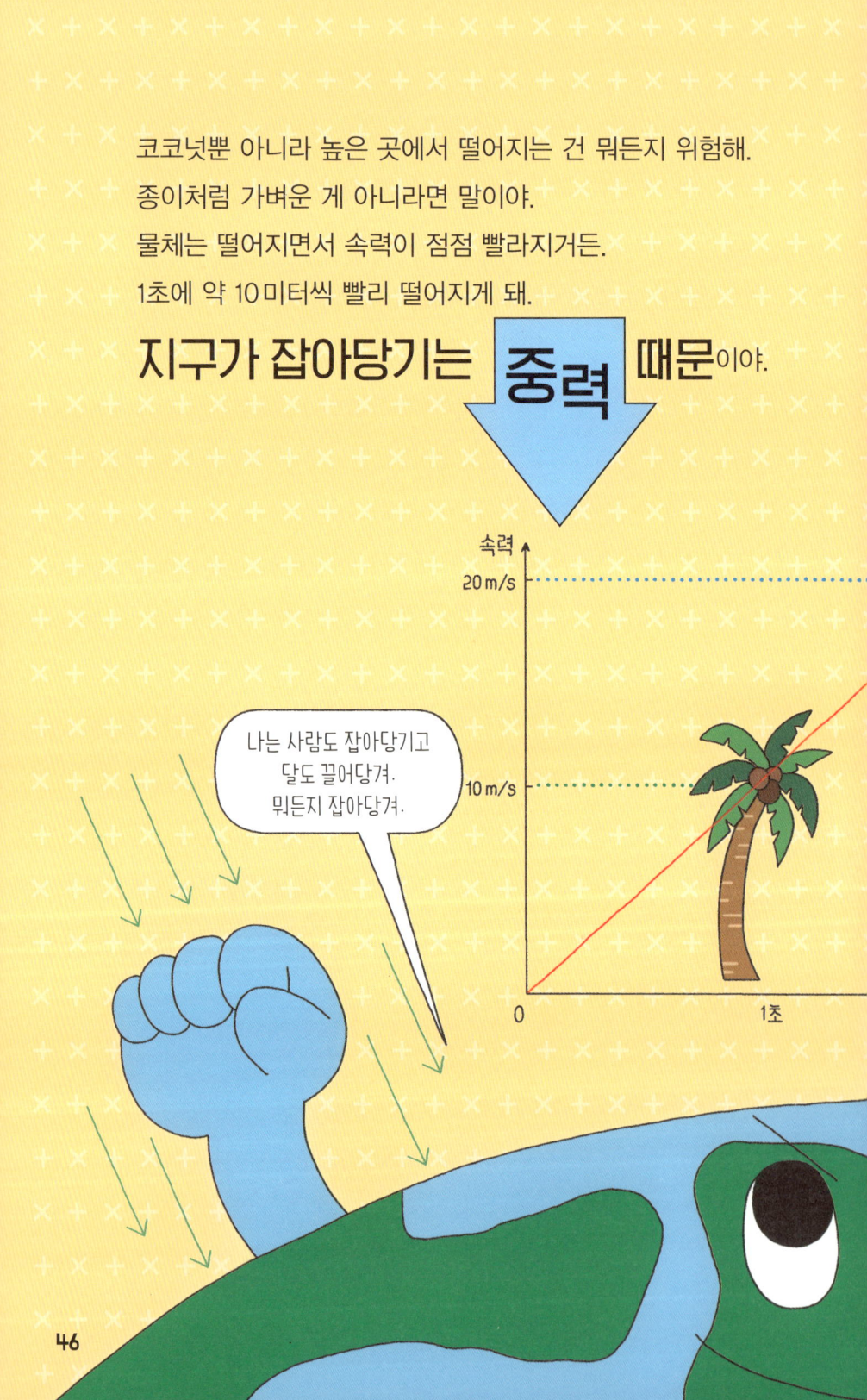

그래서 땅에 떨어지는 물체의 속력은 시간에 ⑩을 곱하면 돼.

(속력)
=10×(시간)

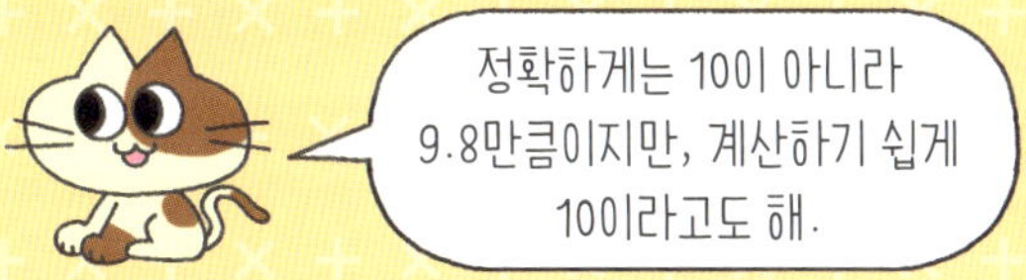

정확하게는 10이 아니라 9.8만큼이지만, 계산하기 쉽게 100이라고도 해.

단위는 미터와 초(m/s)야. 코코넛 열매가 땅에 떨어지는 데 1초가 걸린다면 땅에 떨어지는 순간에 그 열매의 속력은 10×1, 즉 초속 10미터니까 시속 36 킬로미터야.

코코넛 열매가 20 미터 높이에서 떨어진다면 2초 걸려. 땅에 닿을 때의 속력은 초속 10×2 미터, 즉 시속 72 킬로미터야.

1초에 10 미터 → 1분에 600미터 → 1시간에 36 킬로미터니까,

2초 시간

47

떨어지는 코코넛 열매는 쌩쌩 달리는 차만큼이나 빨라. 더구나

떨어지는 물체로부터 받는 충격은 속력과 그 물체의 무게를 곱해야 해.

그러니까 코코넛 열매가 떨어질 때 맞는다면 꽤 위험하겠지?

헬멧 쓰고 다닐래요.

여기에 코코넛 열매는 없으니 안심해.

6
바퀴벌레도 쓸모가 있다고?

오늘도 어김없이 파이쌤 댁에 들어서려는 순간,
현관에 책이 잔뜩 쌓여 있네.
"쌤, 이 책 버리는 거죠? 내놓을까요?"
"안 돼, 헌책방에서 찾은 보물들이야."
쌤은 보이지 않고 목소리만 들렸어. 어디 쌤의
보물 같은 책 좀 볼까 하고 한 권을 집어 드는 순간,
나는 소리치고 말았어.

책갈피 사이에서 납작해진 바퀴벌레가 떨어졌어.
죽었는데도 바퀴벌레는 왜 이리 징그러운지!
나는 깜짝 놀라 피하려는데, 파이쌤은 오히려
달려오시네. 아예 비닐까지 챙겨 와서 바퀴벌레를
소중하게 담으시는 거야.

"자성을 띠는 동물들에 관한 연구는 들어 봤지?"
동물의 자기 정렬이라면 파토쌤이 알려 주셔서
우리 모두 잘 알고 있잖아.
"알죠, 알죠. 동물들의 자기 정렬! 그런데 그게
바퀴벌레랑 무슨 상관이 있어요?"
"3억 5천만 년 전부터 존재해 온 바퀴벌레로
곤충의 자성을 연구한 과학자도 많단다."

"2019년 이그노벨 생물학상을 받은 연구팀도 그중 하나야. 싱가포르와 미국 등 8개 나라의 물리학자로 구성된 이들은 바퀴벌레가 자기장을 어떻게 감지하는지 알아내고, 살아 있는 것보다 죽은 바퀴벌레가 자성을 훨씬 더 오래 유지한다는 사실도 밝혀냈어."

연구팀은 아래와 같은 방법으로 바퀴벌레의 자성을 연구했어.

1. 살아 있는 바퀴벌레와 죽은 바퀴벌레를 준비한다.	2. 강한 자기장을 띠는 통 안에 바퀴벌레를 20분간 둔다.	3. 바퀴벌레를 자력계에 넣고 10시간 동안 자성이 얼마나 유지되는지 관찰한다.

바퀴벌레에는 나침반처럼 방향을 감지해서 회전하는 작은 자성 입자를 가진 특수한 세포가 있거든. 이렇게 자기장 안에 놓으면 바퀴벌레 안의 자성 입자가 한쪽으로 정렬돼. 그래서 자성을 띠는 거지. 결과는 예상을 뒤엎고 산 것보다 죽은 것의 자기력이 훨씬 강하고 유지되는 시간도 엄청나게 길었어.

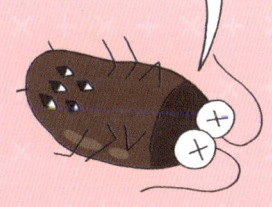

나는 몸이 굳어서 자성 입자 움직임이 매우 느려. 그래서 자성이 정렬된 채로 오래가.

난 세포가 잘 움직이니까 정렬이 흐트러져. 그래서 자성이 금방 사라져.

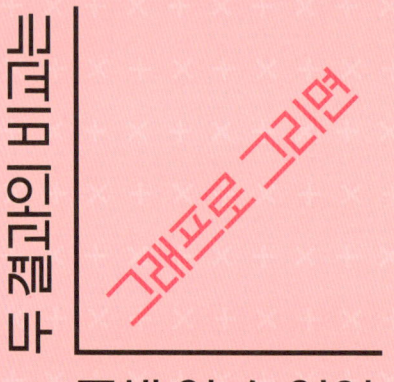

시간에 따라 자기력의 세기가 어떻게 변하는지 그래프로 나타내 보자. 죽은 바퀴벌레는 10시간 동안 아주 조금씩 줄어들었고, 산 바퀴벌레는 1시간도 안 되어 뚝 떨어져 버렸어.

뚝 떨어져 버린, 살아 있는 바퀴벌레의 자기력 세기를 나타내는 점들은 직선으로 이을 수 없어. 이럴 땐, 곡선으로 이으면 돼.

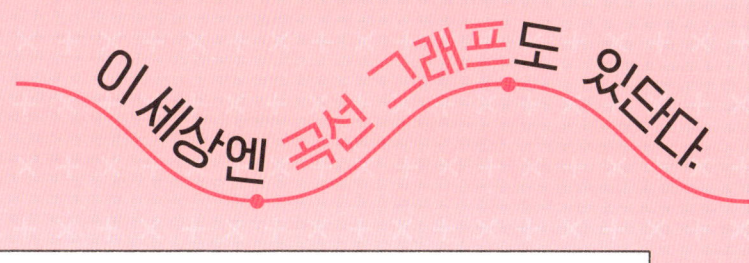

이 세상엔 곡선 그래프도 있단다.

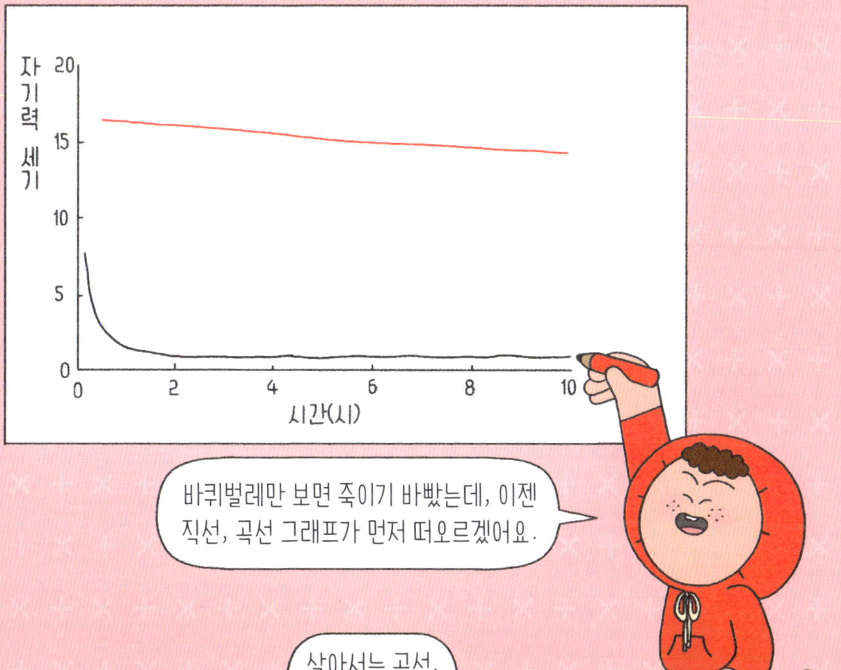

자기력 세기
20
15
10
5
0
0
2
4
6
8
10
시간(시)
바퀴벌레만 보면 죽이기 바빴는데, 이젠 직선, 곡선 그래프가 먼저 떠오르겠어요.

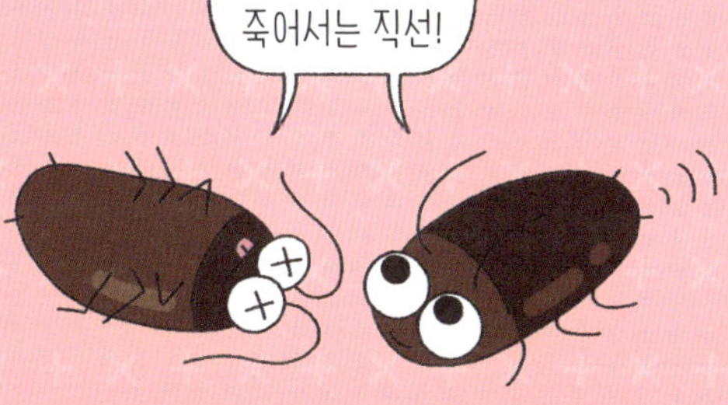

살아서는 곡선, 죽어서는 직선!

그래프로 보니 한눈에 알 수 있지!

죽은 바퀴벌레의 자기력이 산 것보다 훨씬 오래 지속되는 걸

시상식에 참석한 연구팀은 수상 소감을 발표하면서 고무로 만든 바퀴벌레를 던져서 관중석을 놀래 주고 웃음바다로 만들었대.

그거 제게 주세요. 냉장고 자석으로 써 볼래요!

영구적인 건 아니야! 이틀쯤 지나면 떨어진다고.

7
맥주는 역시 거품이지!

편의점에 들어서는데 반가운 얼굴이 보여.
마침 파이쌤이 음료 냉장고에서 맥주를 꺼내시는
중이야.
"너도 뭐 마실래?"
맥주랑 비슷한 게 뭘까 잠깐 고민하다가 결정했어.
"저는 탄산수요."
이 탄산수도 맥주처럼 공기 방울이 올라오잖아.

파이쌤 댁 마당에 앉아 탄산수를 마시려는데
컵에 따른 맥주와 탄산수 공기 방울이 좀 달라.
"쌤, 탄산수 공기 방울은 올라가기만 하는데,
맥주 공기 방울은 내려오는 것도 있어요."
"음료수는 따르자마자 탄산 가스가 바로 날아가지만
맥주는 거품이 그걸 막아 줘서 그렇단다."

공기 방울이
거품에 막혀서 돌고
돈다는 말씀이네요!

"시간이 지나면 맥주 거품이 줄어들어.
탄산 가스도 날아가고. 결국 공기 방울이 춤추는 것도
볼 수 없게 되지.
시간에 따라서 거품이 얼마나 줄어드는지
연구한 사람이 있어."
"앗, 더 이상 말씀하지 마세요. 저도 실험해 볼래요."

맥주 **거품** 은 정말로 **시간이 흐를수록 줄어들었어.**
처음에는 20밀리미터였는데 10초 지난 후에는
18밀리미터, 또 10초가 지난 후에는 15밀리미터.
그렇게 계속 줄어들었어. 시간 보고, 높이 보고,
연필로 쓰고, 정신이 하나도 없는데
파이쌤이 부탁하시네.

독일 뮌헨 루트비히 막시밀리안대학교의 아른트 라이케는 시간에 따라 맥주의 거품이 얼마나 줄어드는지 조사했어. 세 회사의 맥주로 실험했는데 그중 A사 맥주의 실험 결과를 자세히 보자.

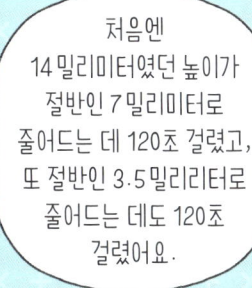

시간(초)	높이(mm)
0	14.0
15	12.1
30	10.9
45	10.0
60	9.3
75	8.6
90	8.0
105	7.5
120	7.0
150	6.2
180	5.5
210	4.5
240	3.5
300	2.0
360	0.9

라이케는

거품 높이가 절반씩 줄어드는 데 걸리는 시간이 똑같다

는 걸 알아낸 거야.

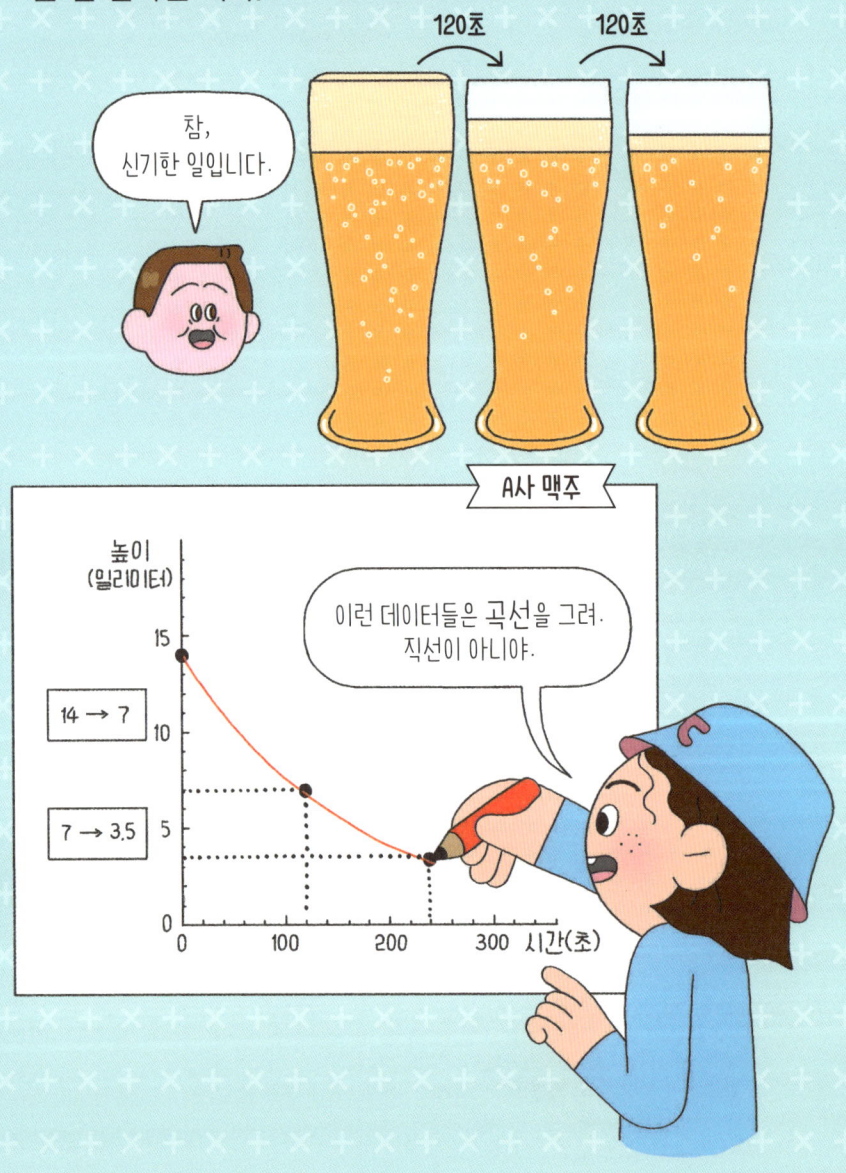

라이케가 실험한 세 회사의 맥주 모두 거품이 절반씩 줄어드는 데 걸리는 시간 간격이 일정했어.
A사는 120초, B사는 200초 정도, C사는 90초로 그래서 세 회사 모두

시간에 따른 거품 높이는 곡선으로 그려져.

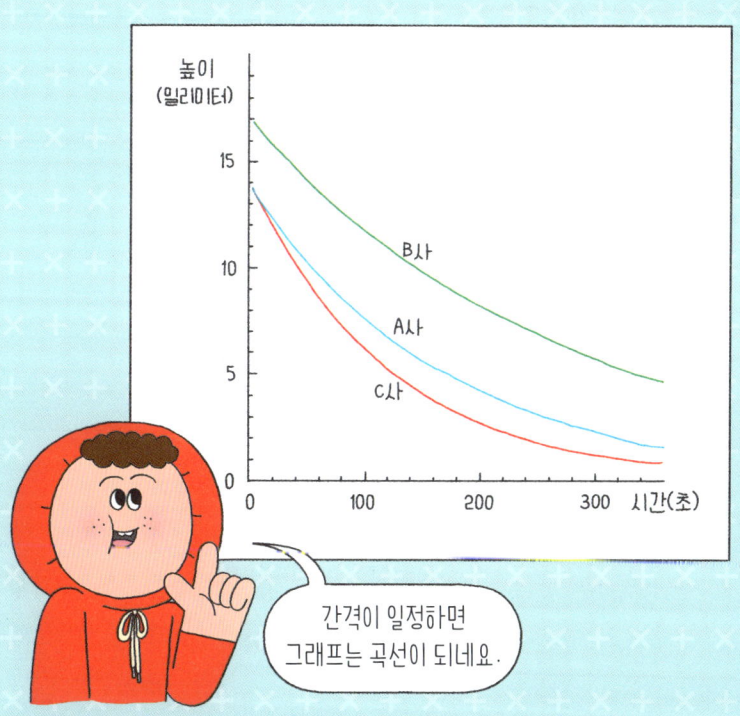

간격이 일정하면 그래프는 곡선이 되네요.

> **맥주에서 거품이 줄어드는 데 걸리는 시간은 중요해.**

거품은 보기도 좋지만, 맥주 맛을 좌우하거든. 거품이 오래 유지되어야 탄산이 날아가지 않아서 맛이 신선하고, 거품이 계속 있어야 공기와 접촉해서 맛이 변하는 걸 막아. 쫀득한 거품은 맥주의 상징이야.

8
어른은 못 듣는 벨 소리

여기는 영국 런던의 번화가야.
카페나 숍에 아이들 모습은 찾아볼 수 없어.
애들만 쫓아내는 기계 때문이래.
영국의 발명가 하워드 스테이플턴이 발명해서 2006년
이그노벨 평화상 받았다는 그 기계 말이야. 모스키토!

애들은 쫓아내고 어른들만 편안하게 차를 즐기다니!
"어른들은 너무해요. 아이들을 쫓아내려고 이런 기계까지 만들다니!"
"억울해할 것 없어. 어른들은 못 듣는 걸 거꾸로 이용한 것도 있거든."

삐~삐~~!

사람은 나이가 들수록 고주파를 잘 못 듣게 된다고 했잖니.

"어른들은 못 듣고, 아이들만 들을 수 있다. 그러니까 아이들끼리의 비밀이 되는 거네요?"
"그렇지. 그런 벨 소리를 틴벨이라고 해. 틴벨도 모스키토처럼 주파수 1만 7천 헤르츠 이상을 사용해."

"사람은 20에서 2만 헤르츠 정도의 소리를 들을 수 있지만 나이가 들수록 점점 주파수가 높은음은 못 듣게 돼."
"잠시만요, 쌤, 주파수가 뭐였죠?"
파토쌤한테 배웠는데 생각 안 나네.
"벌써 잊어버리다니!"
"쌤이 한 번 더 알려 주세요. 이제 안 잊을게요."

소리는 **진동**이야. 떨림 말이야.
내가 말을 하면 목 안의 성대가 울려서 공기까지 떨려.
물에 돌을 던져 봐. 돌이 떨어진 자리부터 물결이
퍼져 나가지? 공기도 물결처럼 파도치듯 떨리며 그 진동을
네 귓구멍으로 전달해.

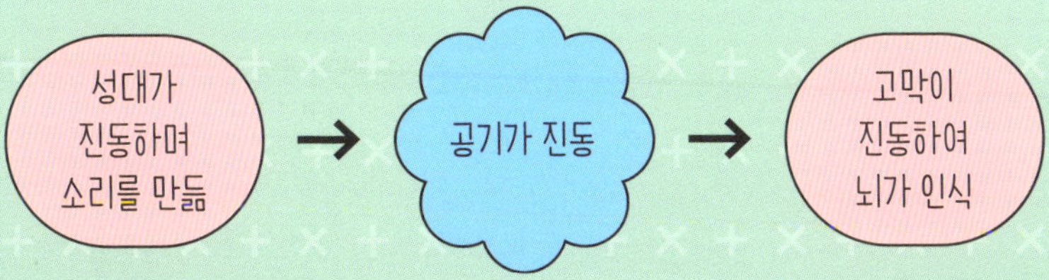

성대가 진동하며 소리를 만듦 → 공기가 진동 → 고막이 진동하여 뇌가 인식

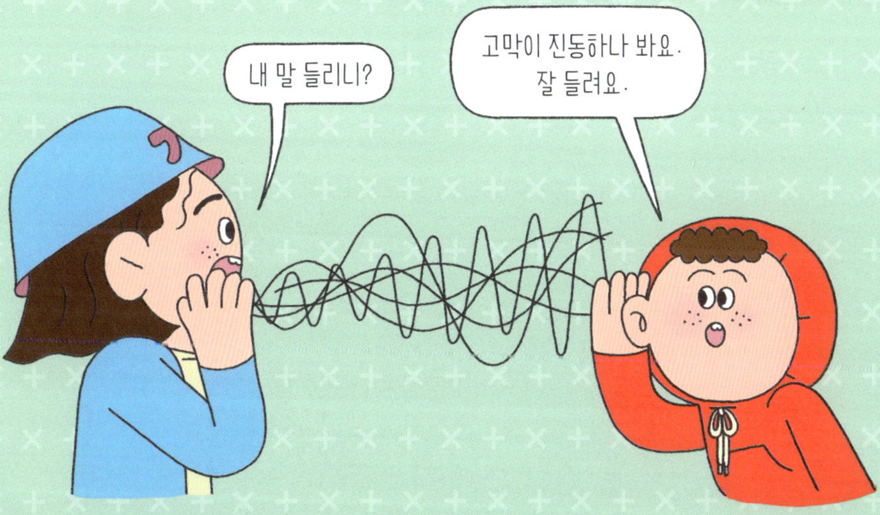

내 말 들리니?

고막이 진동하나 봐요. 잘 들려요.

물결처럼 움직이는 걸 파동 이라고 해.
파동은 밀려오고 또 밀려와. 밀려가고 또 밀려가.
파동은 파도처럼 반복돼.
반복되는 곡선에서 '반복되는 부분'을 잘라 봐.
그게 주기 야.
기온 곡선은 일 년마다 반복돼. 기온의 주기는 일 년이야.

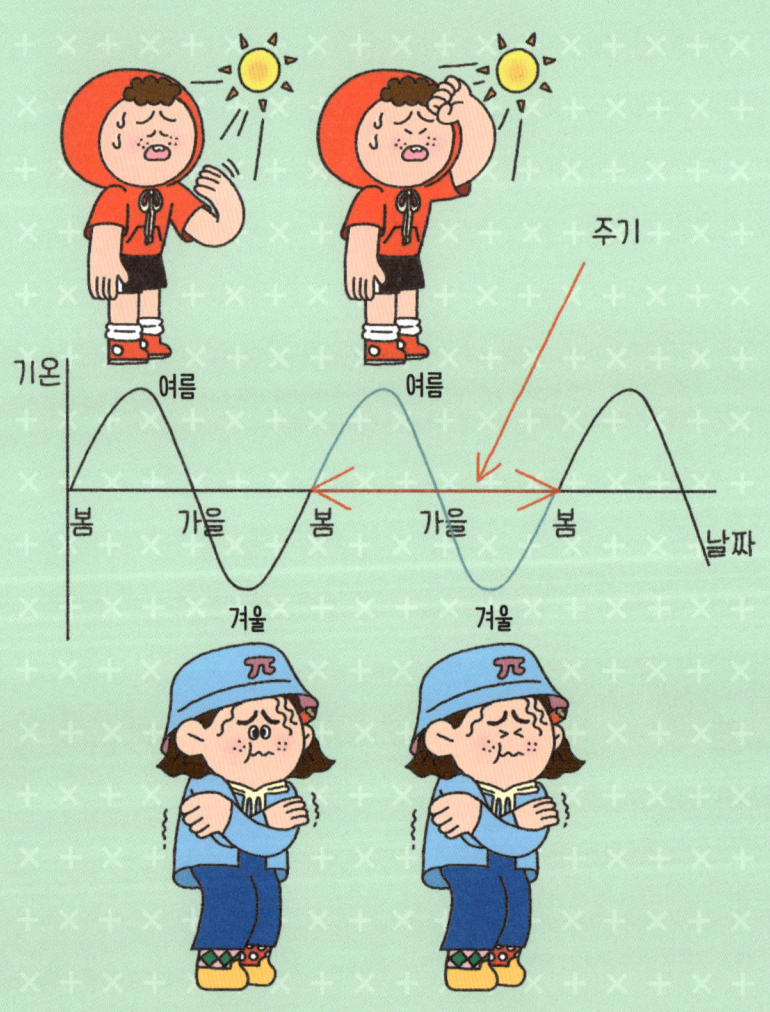

이렇게 반복되는 곡선은 사인 함수로 나타낼 수 있어.
반복되는 모든 현상은 사인 함수로 나타낼 수 있지.
일 년마다 반복되는 기온, 일 년마다 반복되는 태양의 고도,
밀물과 썰물이 반복되는 해수면의 높이,
그리고 소리나 전파도 사인 함수로 나타내.

반복되는 건 뭐든지요?
사인 함수가 대단한 건가 봐요!

관람차를 타듯 원을
한 바퀴 돌면서 만든 게
사인 함수거든.
그래서 사인 함수의 주기는 360도야.

9
손톱으로 칠판 긁는 소리

"쌤, 듣기 좋은 소리나 기분 좋아지는 소리 뭐 없을까요?"
나는 파이쌤께 애원하듯 처량한 목소리로 물었어.
"아기 웃음소리, 계곡에 물 흐르는 소리, 천둥 치는 소리,
또 뭐가 있을까?"

맞아요.
천둥 치는 소리는 좀 무섭긴 하지만
북소리처럼 폭신해요.

'소살소살'거리며
계곡을 흐르는 작은 물소리도
밤새 들어도 좋지.

"웬일이냐? 맨날 똥, 방귀, 발 냄새, 코딱지 같은 것만 찾던 네가!"

"학교에서 손톱으로 칠판을 긁는 소리를 들었어요. 그 소름 돋는 소리를 좋은 소리로 지워 보려고요."

"칠판이나 유리에 날카로운 것으로 긁는 소리는
누구나 싫어하지.

그런 소리를 왜 모든 사람이
끔찍하게 여기는지 몰랐다가

그 궁금증이 풀렸어. 독일 마크로미디어대학교
연구팀이 그 공로로 2006년 이그노벨 음향상을 받았지."

사람은 20~2만 헤르츠까지 들을 수 있지만, 사람 목소리의 진동수인 1천 헤르츠 정도가 가장 잘 들려. 손톱으로 칠판을 긁는 소리는 이것보다 좀 높은 2천~4천 헤르츠야. 연구진이 밝힌 건, 이 소리가 침팬지가 두려움에 울부짖는 소리와 매우 비슷하다는 거야. 그러니까 결국 소름 끼치는 이 소리는 고대 인류가 위험을 감지하고 지르는 비명과 같은 소리란 말이지.

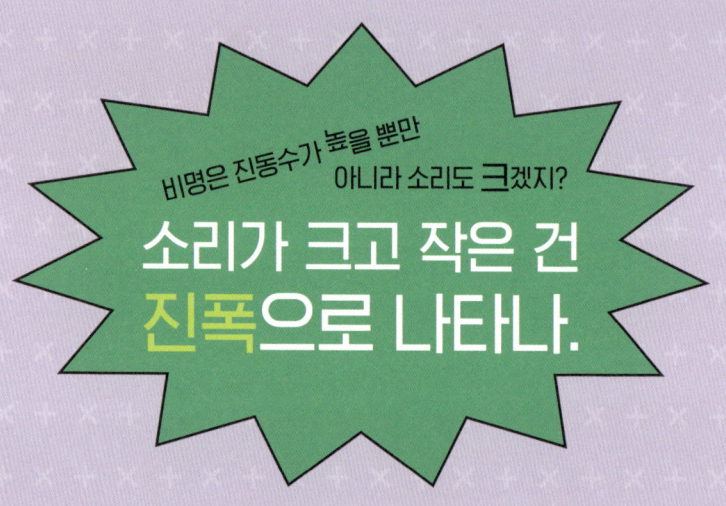

비명은 진동수가 높을 뿐만 아니라 소리도 크겠지?

소리가 크고 작은 건 진폭으로 나타나.

낮은음을 살펴보자. 작은 소리일 때와 큰 소리일 때의 파동을 비교해 봐. 진동수는 같지만 작은 소리는 파동이 잔잔하고 큰 소리는 파동이 커져.

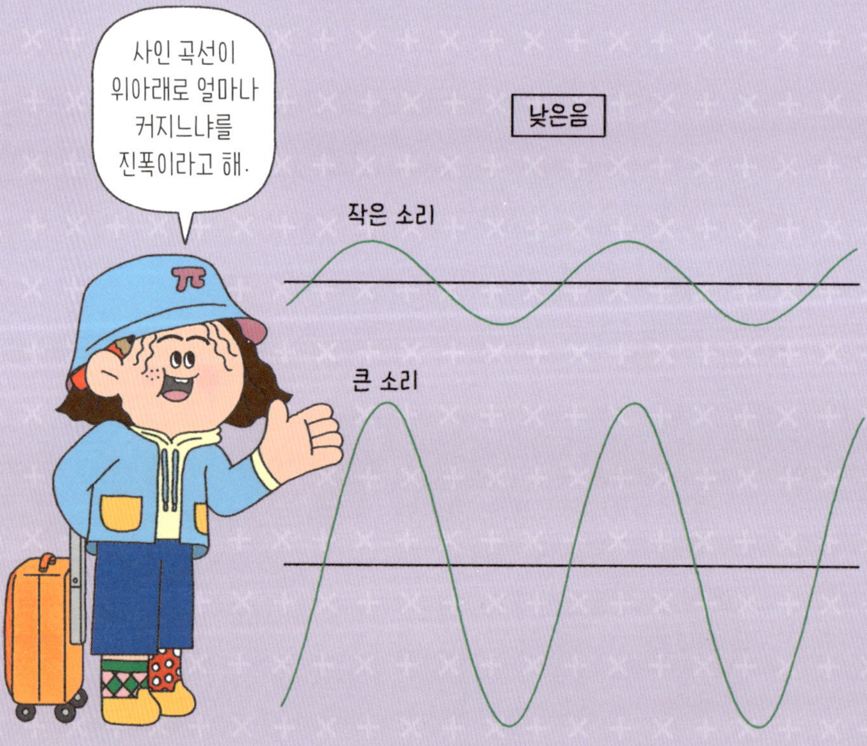

사인 곡선이 위아래로 얼마나 커지느냐를 진폭이라고 해.

낮은음

작은 소리

큰 소리

〜〜 작은 소리는 진폭이 작고 〜〜
〜〜 큰 소리는 진폭이 커. 〜〜

이번에는 높은음을 살펴보자. 진동수는 낮은음보다 늘었지만, 여전히 작은 소리는 진폭이 작고 큰 소리는 진폭이 커.

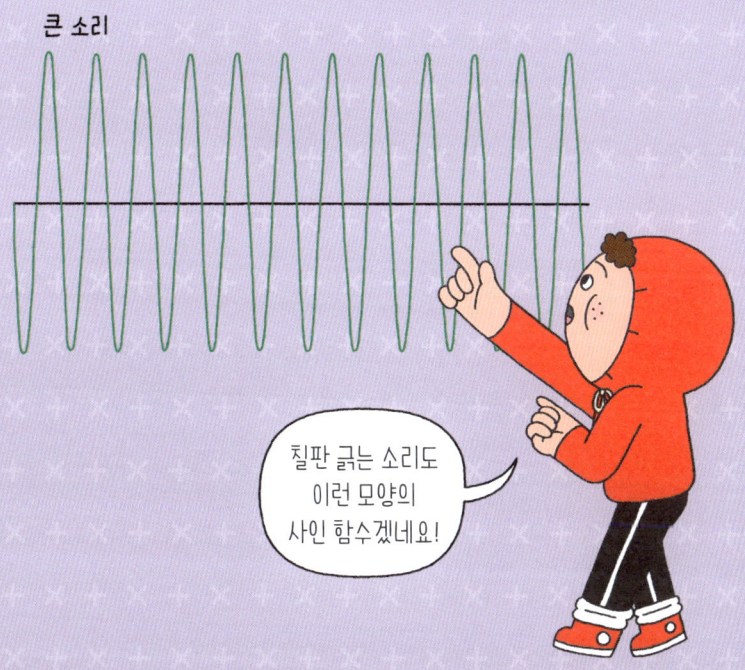

잘못해서 손톱으로 칠판을 긁었을 때 나는 소리는 침팬지가 위험을 느끼고 지르는 비명과 진동수가 비슷해. 높은음 중에서도 사람들에게 잘 들리는 음이야. 그렇게 소리를 지르면 듣는 사람들은 신경에 거슬려서 긴장하게 돼.

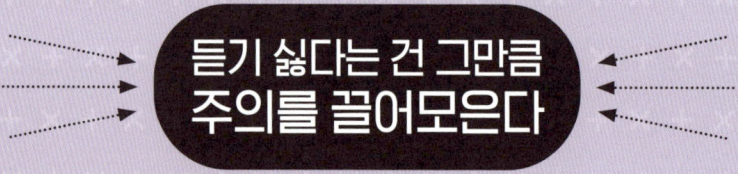
듣기 싫다는 건 그만큼 주의를 끌어모은다

는 이야기야. 위험 감지 신호로 딱 좋지!

10
야옹~ 야아~옹, 내 말 알아듣겠니?

"쌤, 냥냥이도 같이 왔어요."
나는 고양이를 안고 파이쌤 댁으로 들어섰어.
"냥냥이하고 이제 말은 잘 통하니?"
"그럼요. 다 알아들어요."

기분 좋을 때는 가르랑가르랑,
문 열어 달라고 할 때는 깍깍,
놀아 달라고 조를 땐 우르릉.
관심 끌고 싶을 때는 야옹!

못 알아들을
때도 많던데!

"다 알아듣는다는 말은 좀 과장이겠지. 고양이 음성 연구로 이그노벨상을 받았던 수잔 슐츠는 2011년부터 연구를 시작해서 지금도 계속하고 있거든."
"그렇게 연구할 게 많아요?"
"고양이들은 정말 다양한 소리를 내. 그중에는 글자로 기록하기 어려운 것들도 꽤 있단다."

"처음에는 자신이 키우는 고양이들을 연구했지만 점점 더 많은 사람이 고양이를 데리고 연구에 참여하고 있대."
"왜요?"
"고양이 소리를 더 많이 수집할수록 고양이 마음을 더 잘 알 수 있으니까."

"사람도 그렇지만 고양이도 야옹 소리 하나로 여러 가지 뜻을 표현해."
"맞아요. 이럴 땐 이런 야옹, 저럴 땐 저런 야옹, 아주 다양한 소리를 내는 것 같아요."

고양이는 야옹 소리로 매우 많은 생각을 표현해.
배고파, 슬퍼, 놀아 줘 등등.
슐츠는 밥을 기다릴 때의 '야옹'과 동물 병원에서 대기할 때의 '야옹'을 녹음했어. 그 소리는 누구나 쉽게 구분해 낼 정도로 달랐어. 밥은 즐거운 마음으로 기다리고,
동물 병원에서는 불안한 마음으로 기다릴 테니 당연하겠지.
두 가지 야옹 소리는 소리의 높이만 다른 게 아니라
크기도 달라.

동물 병원에서 기다릴 때의 야옹은 멜로디 변화가 적어.
진동수 변화도 100헤르츠 정도밖에 안 돼.

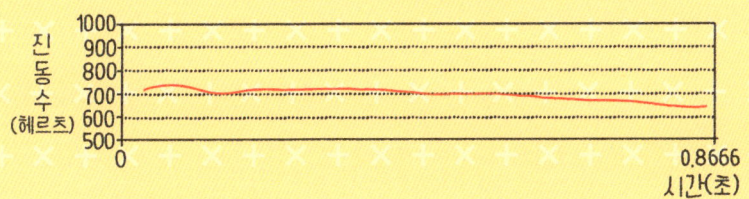

소리 변화도 크지 않아. 나중에 조금 작아지긴 하지만.
낮은 소리로 크게 시작해서 조금 작아지는 거야.
진폭도 마찬가지야.

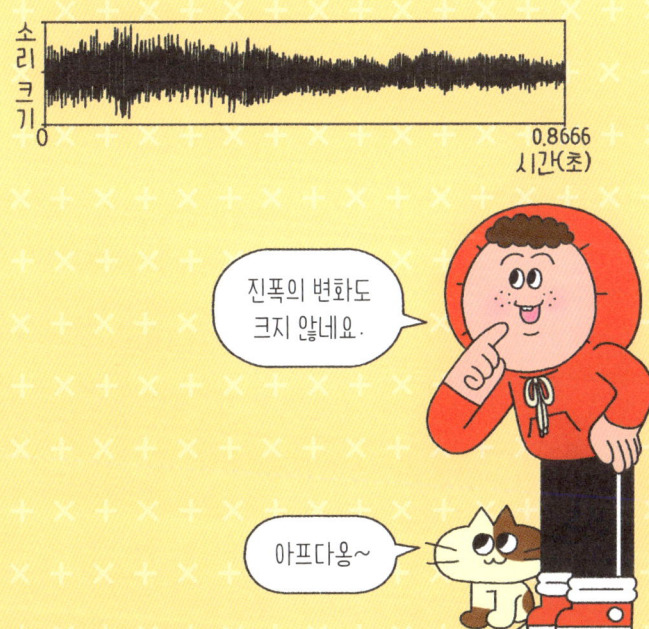

똑같은 야옹 소리도 상황에 따라서 달라진다는 걸 알았지? 진동수와 진폭을 다르게 하면 야옹 하나가 얼마나 많은 뜻을 갖게 될까? 고양이 연구의 길은 끝이 없어.

진동수와 진폭은 소리 연구의 기본이야.

교과 연계가 궁금해요

목차	이그노벨상 수상 내역	교과 연계
1. 어디가 제일 간지럽게?	2019년 평화상	4학년 2학기 꺾은선그래프
2. 눕는 소, 일어나는 소	2013년 확률상	중학교 1학년 그래프와 비례
3. 뽀뽀를 더 많이 하는 나라가 있다고?	2020년 경제학상	중학교 1학년 그래프와 비례
4. 나이 들수록 길어지는 건 뭐게?	2001년 의학상	5학년 1학기 규칙과 대응
5. 위험한 코코넛, 고마운 코코넛	2017년 해부학상	6학년 1학기 비와 비율
6. 바퀴벌레도 쓸모가 있다고?	2019년 생물학상	중학교 1학년 그래프와 비례
7. 맥주는 역시 거품이지!	2002년 물리학상	중학교 1학년 그래프와 비례
8. 어른은 못 듣는 벨소리	2006년 평화상	중학교 3학년 삼각비
9. 손톱으로 칠판 긁는 소리	2006년 음향상	중학교 3학년 삼각비
10. 야옹~ 야아~옹, 내 말 알아듣겠니?	2021년 생물학상	중학교 3학년 삼각비

파이쌤이 알려 주마 — 용어가 궁금해요

그래프 (12쪽)

그래프는 데이터를 그림으로 나타내는 거야. 시간에 따른 가려움 정도라는 데이터를 그래프로 나타내려면 가로축은 시간, 세로축은 가려움 정도라고 해. 하나하나의 데이터를 점으로 찍어서 나타내. 선으로 이을 수도 있어. 그래프로 나타내면 시간과 가려움 정도라는 두 양 사이의 관계가 한눈에 잘 보여.

관계 (12쪽)

시간과 가려움 정도는 관계가 있어. 시력과 가려움 정도는 관계가 없어. 어떤 양들은 관계가 있고 어떤 양들은 관계가 없어. 속력이 일정하다면 오래 달린 만큼 달린 거리가 늘어나. 시간과 거리가 관계가 있어. 지구에서의 무게와 달에서의 무게는 비례해. 관계가 있어. 수학에서는 두 양 사이에 관계가 있을 때, 그 관계를 식으로도 나타내고 그래프로도 그려.

가능성 (21쪽)

내일 비가 올 가능성은 얼마일까? 10%? 30%? 가능성은 퍼센트로 말해. 10%라고 하면 100번 중 10번 일어날 가능성이 있다는 거야. 그래서 0.1이라고도 할 수 있어. 가능성이 가장 클 때는 100번 중 100번 일어나는 거야. 즉 1이지. 가능성이 가장 작으면 0, 가장 크면 1이 되는 거야. 가능성이 1이라는 건 항상 그 일이 일어난다는 뜻이야.